A NOSSEIGNEVRS
de Parlement.

SVpplient humblement Antoine Arnauld Aduocat en Parlemēt, & Isaac Arnauld Conseiller du Roy en son Conseil d'Estat, & intendant de ses Finances freres: Disans que dés les annees soixante dix-neuf, & quatre-vingts cinq, ils ont fait en ceste Cour le serment d'Aduocat, & se sont comportez en ladicte charge, & ledit Isaac Arnauld en celle d'Intendant des Finances (à laquelle il fut depuis appellé par le feu Roy Henry le Grand de tres-glorieuse memoire) auec telle integrité & preud'hommie, que non seulement il n'y a iamais eu la moindre plainte contre eux , mais au contraire ils ont esté aymez & cheris par tous les gens de bien. Ce neātmoins maistre Cesar de Plais , Aduocat en ladite Cour , souz pretexte d'vn procez qu'il a contre maistre Louys Arnauld, Secretaire du Roy l'vn de leurs freres, a esté si temeraire, malitieux, & outrageux , qu'il a fait imprimer deux cens exemplaires du plus cruel libelle diffa-

A

matoire contre l'honneur & reputation
des supplians qui se puisse imaginer, lequel il a publié & distribué par toute ceste ville de Paris : & en mesme temps a
dit qu'il le feroit r'imprimer, & l'ampli-
fieroit de beaucoup : ce qu'il a executé,
& a fait derechef imprimer quatre cens
exemplaires dudit libelle diffamatoire
qu'il distribue & fait porter chacun iour
en diuers lieux. Par lesquels libelles cy
attachez il dit entre plusieurs autres impostures & iniures atroces, *que les supplians ont vne cupidité insensée, laquelle tous
les hommes tant viuans que morts n'assouuiroiēt
pas : cupidité racine de tous maux, & qui fait
que ceux qui en sont possedez dressent les voiles
de toutes leurs actions vers le seul port de leur
vtilité, y asseruissans comme choses qu'ils estiment subalternes ce qui doit estre entre les hommes le plus religieux & venerables.* CES GENS
(dit-il) MESLENT LES PARIVRES
AVEC LES MENSONGES, ET LES
IMPIETEZ AVEC LES CRIMES. Et
en particulier contre ledit Antoine Arnauld dit, *qu'il a tousiours eu plus de bouche
que de front, & qu'il est accoustumé de prendre
de ses Cliens des sommes immenses.* Lesquelles
iniures & opprobres dictes côtre lesdits

Page 19.
de la secon-
de impres-
sion.

Pag. 14.

Pag. 7.

supplians en general , & en particulier
contre ledit Antoine Arnauld sont les
plus attroces qui puissent estre proferes
contre vn Aduocat qui a l honneur d'a-
uoir passé tref-honorablement trente
six années de son aage en ceste grande
lumiere , soustenant vne partie des plus
celebres actions qui s'y sont faites : &
neantmoins auec si peu d'affection aux
richesses, que s'il decedoit à present, il
n'y auroit persõne qui ne fust esbahy de
la foible recompense d'vne telle assidui-
té & de tant de veilles , quand on consi-
dereroit les biens & les reuenus qu'il a
euz de sa femme par successions directes
& collateralles. Que si apres vn si extreme trauail le suppliant estoit si mal heu-
reux que de n'auoir reparation tref-exẽ
plaire, & esgale & conuenable à l'outra-
ge , contre ledit de Plais, qui en effect
l'appelle vn effronté, vn impudent & vn
exacteur, qui mesle les pariures auec les
mensonges, & les impietez auec les crimes ; (outre mille paroles de contume-
lie dont ledit libelle diffamatoire est
remply) le suppliant auroit toutes les
occasions du monde de reputer sa vie
tref-amere & tres-miserable . l'ayãt paf-

A ij

sée auec tant de soin , d'anxietez & d'estudes continuelles, pour seruir le public, & acquerir vne reputation entiere de probité: (s'estant rendu iusques-là si exact & religieux que de n'auoir iamais receu present quelcôque d'aucûs Receueurs, Fermiers, Creanciers ny autres qui ayent eu affaire aux grandes Maisons du conseil desquelles il est :) Et neantmoins qu'en sa vieillesse, lors qu'il doit ioüir de l'honneur de ses trauaux, & de sa vertu & abstinence, il fust impunément iniurié, deschiré & cruellemēt outragé par ledit de Plais, qui quand il ny auroit que la seule consideration de la discipline du Palais luy doit porter honneur & respect. ET QVAND AV-DIT ISAAC ARNAVLD, Intendant il ne se peut rien inuenter de contumelies d'outrages & impostures que ledit de Plais ne vomisse par lesdits libelles contre sa reputation , qui a tousiours esté aussi entiere qu'elle sçauroit estre imaginee. Car apres que ledit de Plais outre les iniures generales contre les suppliãs cy dessus transcrites, a dit en particulier, *que ledit suppliant a composé vn liure du mespris du monde,* (ce qui est vray) il met à

l'inſtant qu'il imite ces barbares qui faiſoient
mine d'auoir horreur d'vn aſne mort, afin d'en
eſloigner les autres, & le manger tout entier:
Ainſi, &c. Ce ſont les meſmes paroles
dudit de Plais, qui adiouſte incontinent apres, que ledit ſuppliant ne recognoit
point de iuſtice, qu'il tient pour fables ce qui ſe
dit de l'honneur, de la pudeur & de la conſcience, dont il auoüe qu'il ſe faut ſeruir ſouuent pour
acquerir creance. Mais qu'en la conduite des
choſes de ce monde, ce ne ſont pas ces outils qui
doiuent operer, ains la fineſſe, l'hypocriſie, la   Pag. 20.
ſubtilité, le beau ſemblant, & ce qu'on appelle
prudence humaine: Vertus incognuës aux Philoſophes & Pedans, mais le chemin aſſuré par
lequel les hõmes accorts fõt leurs affaires, baſtiſ-
ſent leurs fortunes, leurs maiſons, voire meſme
leur nom & leur reputation, Que c'eſt l'equi-
page auec lequel les enfans du ſiecle nouueaux
riches marchent fierement dans le monde, oſent
tout, rauagent tout, forcent tous obſtacles,
comme ſi ce torrent ne deuoit auoir pour regle
que la ſeule rapidité. Et dans la meſme page
ledit de Plais dit. que ledit Arnauld a ac-
quis des richeſſes prodigieuſes dans les Finances,
qu'il iette des mains de Briarée ſur les deniers pu-   Pag. 21.
blics, eſt enflé d'orgueil pour ſes richeſſes iniques,
& meſpriſe Dieu & les hommes. Et neant-   Pag. 22.

A iij

moins ledit Isaac Arnauld Intendant
des finances se souzmet par la presente
requeste a la perte de sa vie, si aux charges ausquelles il a esté employé, & mesmes en celle d'Intendant des Finances,
il n'a apporté toute la fidelité & la probité qu'on peut desirer en vn tres-hom-
me de bien : Et adiouste en outre, Nos-
seigneurs, afin que vous cognoissiez plus
clairement de quelle façon il a voulu vi-
ure, & pouuoir en toutes saisons faire
paroistre son integrité entiere, qu'au
mois d'Octobre six cens cinq, qu'il fut
receu Conseiller au Conseil d'Estat &
Intendant des Finances, il fit faire & si-
gner par des Notaires du Chastellet vn
inuentaire de son bien, contenant de-
claration expresse que ledit inuentaire
estoit fait, afin qu'on sceust au vray ce
qu'il auoit lors qu'il estoit entré en ladite charge d'Intendant des Finances, &
que par là on vist clairement dequoy
son bien pourroit estre augmenté lors
qu'il en sortiroit. Et qu'en l'annee 6 cens
dix apres le deceds de sa premiere femme, il fit faire vn second inuentaire de
son bien pardeuant Notaires, dans lequel est mentionné & compris le pre-

mier. auec l'expreſſion de ladite decla-
ration qui y eſt au long inſerée. Et en outre puis que les impoſtures & outrages
dudit de Plais l'obligent contre ſon na-
turel de mettre par eſcrit l innocéce de
ſa vie, qu il n'a iamais voulu publier que
par la ſincerité de ſes actions : ledit ſuppliant ſe ſouzmet auſſi à la perte de ſa
vie & de tout ce qu'il a au monde, au cas
qu'il ſe trouue que depuis qu'il eſt employé aux Finances du Roy il ayt pour
affaire quelconque proffité ou receu par
luy ou par perſonnes interpoſées , dire-
ctement ou indirectement, aucun pre-
ſent ny choſe quelconque de Prince Sei-
gneur, Officier, Fermier, Partiſan ou
autre quel qu'il ſoit. Et ſe ſouzmet à la
meſme peine ſi ſon biē eſt autre que tref-
mediocre, & qu'il ayt receu aucune aug-
mentation que celle qui eſt procedée de
la liberalité de leurs Maieſtez enuers luy
& ſes enfans. Surquoy, Noſſeigneurs,
ledit Arnauld vous ſupplie tres-hum-
blement de conſiderer quelle indignité
quel creuecœur vn homme de bien qui a
touſiours veſcu ſans reproche qui a ſeruy
dix ans dans le conſeil, du Roy, & en
l'adminiſtration des Finances, faiſant

continuellemēt cognoiſtre que ny l'ar-
gent ny aucune autre corruptiō nepeut
rien ſur luy, de ſe veoir auiourd'huy ou-
trageuſement diffamé par ſix cens libelles compoſez, imprimez, diſtribuez, &
diuulgez par vne impudence & inſolen-
ce extraordinaire, & iuſques icy inouyë,
Mais autant que pourroit eſtre eſtimée
malheureuſe la condition des hommes
conſtituez dans les charges publiques,
s'il eſtoit permis aux plumes empoiſon-
nées de les offenſer & outrager impunément elle ſe pourra dire à bon droit autant honorable quand on cognoi-
ſtra par la punition ordonnee par voſtre
Arreſt, que les gens de bien ſont touſiours en la ſinguliere protection de voſtre iuſtice, & que la vertu eſt & ſera a iamais le vray, le ferme & le ſolide rem-
part contre toutes les impoſtures, les
opprobres & les outrages qui peuuent
eſtre meſchamment & malheureuſemēt
inuentez. Et ne ſe contenant pas ledit
de Plais d'auoir ainſi deſchiré, iniurié &
cruellement outragé les ſupplians : il
les appelle des *Eſclaues enrichis des hommes*
nouueaux & naiz d'eux meſmes, hommes ve-
nus de bas lieu, qui s'efforcent de couurir l'obſ-
curité

curité de leur extractiõ par l'orgueil de leurs en-
treprises, & les compare aussi à vn chetif
ruisseau de tout temps mesprisé pour sa petitesse:
Et en vn autre endroit vse de ces mots; Pag. 16.
Ils estiment que les moindres reuolutiõs sont autant de secousses pour les precipiter dans les abys-
mes de leur premiere condition, l'impatience &
l'horreur de laquelle excite en eux ceste cupidité
insensee. Tous lesquelles paroles nulle autre personne que ledit de Plais n'eust
voulu escrire ny proferer contre les supplians, qui ne sont point naiz d'eux mesmes, ainsi que dit ledit de Plais, ains de
tres-gens de bien & tres-vertueux, comme il est notoire au lieu de leur origine,
& à Paris depuis soixãte ans, que defunt
maistre Antoine Arnauld leur pere estãt
Procureur du Roy au Presidial de Riom
en Auuergne, fut en l'an cinq cens cin-
quante cinq, pour sa grande reputation
d'extreme vigilance & probité entiere,
appellé par le Roy Henry secõd au Cõ-
troolle geueral des Restes; & quelque
temps apres fut encor receu Auditeur
des Comptes: & depuis choisi à cause de
sa grande preud'hommie & capacité par
la Reyne Catherine Mere du Roy Henry troisiesme, pour son Procureur ge-

B

neral : de laquelle charge ledit Antoine
Arnauld l'vn des suppliãs fut aussi pour-
ueu apres le deceds de son pere par ladite dame Reyne, qu'il a tres-fidellement
seruie iusques à son decez. Et de huict
freres qu'ils estoient deux ont esté tuez
durant les guerres pour le seruice de nos
Roys Henry troisiesme, & Henry le
Grand, l'vn au siege de Gergeau en l'an-
née quatre vingts neuf, & l'autre en quatre vingts douze en Auuergne, ou il a-
uoit courageusement aydé à defendre la
citadelle d'Issoire, & à gagner la batail-
le contre les assiegeans, ainsi qu'il se void
par l'histoire qui faict tres-honorable
mention de luy. Ayant esté auparauant
leur maison paternelle proche de Riom
assiegée battuë à coups de cañon, & rui-
née par ceux de la Ligue, comme il se
voit encor a present. Et quant à leur mere elle estoit fille du Procureur du Roy
en Auuergne : de laquelle les supplians
peuuent sans vanité, & par necessité en
vn tel subiet dire qu'elle estoit vn exemple de toutes vertus, ainsi qu'il est notoire à Paris. Que si tous ceux qui sont ys-
sus de pareil, voire moindre lieu pou-
uoient estre impunément appellez par

des libelles diffamatoires *esclaues enrichis,
chetifs, mesprisez de tout temps, & naiz d'eux-
mesmes;* la condition d'vn grand nombre
de treshonorables familles seroit expo-
sée à toutes sortes d'outrages & d'opprobres. CE CONSIDERE', Nossei-
gneurs, & que vous estes les naturels &
vniques Iuges, Correcteurs, & Censeurs
de la discipline du Palais, mesmes contre ceux qui ont le serment à la Cour cõ-
me ledit de Plais qui y est Aduocat, &
qui a griefuement outragé ledit Antoine Arnauld ancien Aduocat, & ledit I-
saac Arnauld Intendant des Finances:
Que les supplians ne sont en façon quelconque parties audit procez pendant en
la Cour des Aydes: Et d'auantage qu'vn
libelle diffamatoire souz le titre de Fa-
ctum n'est point vne piece du procez,
ains chose toute separee, Et que ceste
affaire regarde en general la discipline
du Palais, afin que souz tels pretextes de
Factums les familles pleines d'honneur
ne soient diffamées par la malignité de
ceux qui plaideroient contre vn de leur
parenté: ce qui feroit apprehender à vn
chacun toutes sortes de procedures tẽ-

B ij

dantes à auoir iuſtice , quand on auroit affaire à vn homme tel que ledit de
Plais , ou qui auroit recours à luy pour
remplir de contumelies, d'iniures &
d'opprobres toutes les perſónes qui fe-
roient la plus eſtroitte profeſſion d'honneur & de vertu , contre leſquelles ſouuent l'enuie & la malignité eſcoutent
plus volõtiers les meſdiſances & les diffamations : IL VOVS PLAISE ordon-
ner que ledit de Plais ſera preſentement
mandé , & amené par l'vn des Huiſſiers
de la Cour , afin de recognoiſtre s'il n'a
pas cõpoſé & fait imprimer leſdits deux
libelles diffamatoires en forme de Factums audit nõbre de ſix cẽs à deux fois,
leſquels il a diſperſez & diſperſe encor
chacũ iour par tout Paris: & s'il le denie,
qu'il plaiſe à la Cour d'ordõnẽr que l'im-
primeur & ſes ouuriers , ſeruiteurs ſerõt
preſentement amenez par des Huiſſiers,
afin que ladite verité ſoit promptement
eſclaircie : Et qu'audit cas de denegatiõ
par ledit de Plais de ce que deſſus , il
plaiſe à la Cour de commettre deux de
vous , Noſſeigneurs , tels qu'il vous plai-
ra pour en informer , & inſtruire ledict

procez. Et qu'attendu l'enormité & a-
trocité defdites iniures, opprobres, outrages, contumelies & diffamations, &
afin de bannir pour iamais du Palais tels
crimes de fi dangereux exemple: Il vous
plaife condamner ledit de Plais a faire a-
mende honorable en l'audience publique de cefte grand Chambre, pour ren-
dre la reparation auffi notoire qu'eft la
diffamation, & de dire & declarer en ladite audience, que temerairement &
malicieufement il a compofé, fait imprimer, & diftribué lefdits deux libelles
diffamatoires, contre l'honneur & bon-
ne reputation notoire des fupplians,
dont il fe repent, & en demande pardon
à Dieu, au Roy, à la Iuftice, & aux fupplians, & qu'à l'inftant lefdits deux libelles feront defchirez en fa prefence, & à
luy defenfes faictes fur peine de la vie de
plus recidiuer, & qu'en outre il fera có-
damné en trois mil liures Parifis de reparation enuers les fupplians, qui con-
fentent defmaintenant que ladite fom-
me foit par la Cour diftribuée aux pau-
ures: requerans l'adionction de Mon-
fieur le Procureur general du Roy, pour

la seuerité de la vindicte publique, afin
d'estouffer vn mal de si pernicieuse con-
sequence. Et vous ferez iustice.

Signé,

ANTOINE ARNAVLD,
ISAAC ARNAVLD.

www.ingramcontent.com/pod-product-compliance
Lightning Source LLC
LaVergne TN
LVHW010225060726
842527LV00007B/2615